Para Melvil.
E. T.

Para Barnabé.
V. A.

En la misma serie:

Inventario ilustrado de animales

Inventario ilustrado de los mares

Inventario ilustrado de los árboles

Inventario ilustrado de animales con cola

Inventario ilustrado de insectos

Inventario ilustrado de aves

Inventario ilustrado de flores

Relectura científica: **Claire Peyre de Fabrègues**,
doctora en Paleontología en el Museo Nacional de Historia Natural (MNHN) de París.

Título original: *Inventaire illustré des dinosaures*

© 2017, Albin Michel Jeunesse
Publicado con el acuerdo de Isabelle Torrubia Agencia Literaria
© de la traducción: Pedro Almeida, 2018
© de esta edición: Kalandraka Editora, 2018
Rúa de Pastor Díaz, n.º 1, 4.º B. 36001 Pontevedra
Tel.: 986 860 276
editora@kalandraka.com
www.kalandraka.com

Coordinador de la colección: Xulio Gutiérrez
Faktoría K de libros es un sello editorial de Kalandraka

Impreso en Imprenta Mundo, Cambre
Primera edición: mayo, 2018
ISBN: 978-84-16721-18-4
DL: PO 164-2018
Reservados todos los derechos

Virginie
Aladjidi

iNVENTaRiO *ilustrado*
de diNOSaURiOS

Emmanuelle
Tchoukriel

FAKTORÍA K DE LIBROS

PRÓLOGO

Una pequeña historia de la vida en la Tierra

La Tierra se formó hace alrededor de 4300 millones de años.

Hace 3500 millones de años empezaron a desarrollarse unas bacterias llamadas procariotas, que fueron los primeros organismos vivos. Más tarde, hace 2500 millones de años, aparecieron los primeros seres unicelulares eucariotas.

Hace 540 millones de años aparecen ya los primeros organismos complejos en las aguas terrestres: lombrices de tierra, medusas, moluscos, artrópodos, peces…

Hace 230 millones de años aparecen los dinosaurios.
Hace 66 millones de años, sobre lo que hoy es México, cayó un meteorito, que pudo ser en parte responsable de su extinción. Pero ¿desaparecieron realmente?
No estamos tan seguros: sus descendientes son las actuales aves.

Hace siete millones de años aparecen los homínidos, que son los más antiguos antepasados conocidos de los humanos.

Hace cuatro millones de años aparece el australopiteco, un género de homínidos primitivos.

Hace 2,8 millones de años, con el *Homo habilis,* nace el género *Homo*… y da comienzo lo que llamamos la prehistoria.

Hace 1,7 millones de años aparece el *Homo erectus.*

Y hace 300 000 años… comienza nuestra propia especie: el *Homo sapiens;* al fin y al cabo, hace muy poco.

¿Qué son los dinosaurios?

Los dinosaurios son un grupo de reptiles que, al contrario que otros que ya existían a la vez que ellos, no reptaban. Su esqueleto les permitía mantenerse con el tronco elevado sobre unos miembros erguidos, como los mamíferos o como las aves. De esa forma, también podían moverse con más agilidad. Gracias a los fósiles de sus caderas y de sus tobillos, es posible distinguirlos entre los arqueosaurios, el grupo de reptiles que vivían en aquella época, en el que se encontraban, además de los dinosaurios, los cocodrilos y los pterosaurios.

Los reptiles son animales de sangre fría, pero algunos dinosaurios debieron de ser de sangre caliente. Podían regular la temperatura de su cuerpo en función de la del aire.

Hace solamente 150 años que conocemos a los dinosaurios. En 1842, el paleontólogo británico Richard Owen, con el fin de designar a un conjunto de grandes reptiles fósiles descubiertos entonces en Inglaterra, creó la palabra «dinosaurio» (en la forma *Dinosauria*), que se compone de dos raíces griegas: *deinos,* «terriblemente grande», y *sauros,* «lagarto». Más tarde se supo que no todos los dinosaurios son «terriblemente grandes».

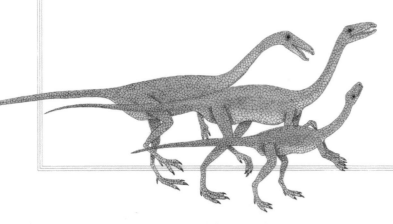

Señora Peyre de Fabrègues, usted es paleontóloga en el Museo Nacional de Historia Natural de París. ¿En qué consiste su trabajo?

Estudio los fósiles de los dinosaurios. Pero la mayor parte del tiempo estoy en mi oficina. Observo los huesos de los ejemplares sobre los que trabajo y los comparo con otros huesos almacenados en el laboratorio, o con fotografías o ilustraciones de los trabajos de otros colegas. La observación de los fósiles me permite redactar unas descripciones anatómicas precisas y compararlos, en sus mínimos detalles, con otros restos encontrados, a veces en cualquier parte del mundo. Durante uno o dos meses al año, salgo de viaje: unas veces para excavar un yacimiento y extraer nuevos fósiles; otras veces, simplemente para consultar en otros laboratorios extranjeros fósiles de especies de dinosaurios cercanas a las que yo estudio.

¿Qué estudios hay que realizar para ejercer su profesión?

Para llegar a ser paleontólogo, hay que ser doctor en Paleontología. Después de hacer el Bachillerato Científico, hay que matricularse en una universidad y realizar un grado en biología, geología o ciencias naturales. Después de la licenciatura, hay que hacer un máster, ya más especializado, generalmente en evolución, taxonomía o paleontología. El doctorado es la última etapa, que consiste en la redacción de una tesis. La publicación de una tesis os abrirá las puertas de los laboratorios.

¿Qué otras profesiones tienen como objeto de trabajo los dinosaurios?

Los técnicos de laboratorio (los preparadores, que participan frecuentemente en las excavaciones y extraen los fósiles de su envoltura rocosa en el laboratorio; los fotógrafos; los ilustradores…) trabajan regularmente sobre fósiles de dinosaurios, pero no se dedican exclusivamente a esa tarea.

Algunas profesiones, como monitores o mediadores científicos, también permiten, más o menos puntualmente, estudiar a los dinosaurios. Son esas personas con quienes os cruzáis en las galerías de los museos o de las exposiciones, que os proponen responder a vuestras preguntas o dirigen vuestras visitas guiadas. Pero la única profesión en la que se trata a tiempo completo a los dinosaurios es la de paleontólogo. Aunque… ¿no deberíamos tener en cuenta también a los ornitólogos, estudiosos de esos auténticos dinosaurios vivos que son las aves?

¿Cómo se buscan los fósiles de dinosaurios?

Para encontrar un hueso de dinosaurio, es necesario seguir cuatro reglas muy sencillas: primero, buscar en las rocas sedimentarias; segundo, como los dinosaurios eran terrestres, buscar en rocas formadas sobre tierra firme (depósitos continentales) y no en el fondo de los océanos (depósitos marinos); tercero, como los dinosaurios no avianos (es decir, los que no son aves) vivieron en la era secundaria, buscar en rocas muy viejas, las que se formaron en ese período y, finalmente, la cuarta regla es dirigirse a un lugar en donde las rocas que posean todas esas características estén en afloramiento, es decir, en la superficie —un mapa geológico es muy útil para identificar de inmediato los lugares adecuados— ¡y empezar la búsqueda!

La erosión y el movimiento de la corteza terrestre hacen subir y aflorar los fósiles de dinosaurios. De esa forma, los paleontólogos encuentran sus huellas, fósiles de sus huesos y sus huevos en todos los continentes.

Los fósiles son de dos clases: por un lado, **huesos petrificados** y, por otro lado, **moldes o vaciados de huesos.** En el primer caso, la materia orgánica de los huesos ha sido reemplazada por los minerales aportados por las aguas de escorrentía que atraviesan las rocas sedimentarias; si la materia mineral ocupa totalmente el lugar del tejido óseo, el hueso se petrifica. En el segundo caso, el hueso se deshace y el hueco que ocupaba se llena de materia mineral, de lo cual resulta una réplica, un vaciado.

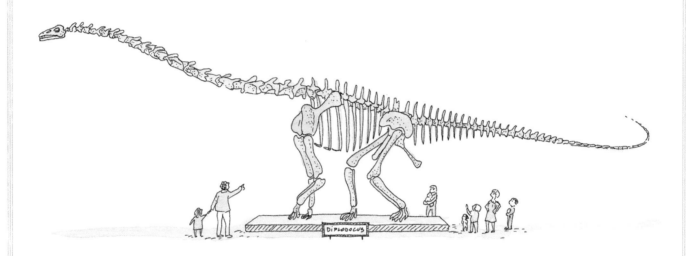

¿Dónde se han encontrado más fósiles de dinosaurios?

Hasta el momento actual, las regiones que han producido más fósiles de dinosaurios son América del Norte y China.

¿Qué cosas nuevas se saben sobre los dinosaurios en los últimos treinta años?

Desde la década de los noventa, los dinosaurios se perciben como animales vivos y dinámicos, mientras que, hasta entonces, se los había representado como mudos y apáticos. Los treinta últimos años han sido ricos en grandes descubrimientos, entre ellos algunos hermosos ejemplares, pero también se han llevado a cabo las primeras observaciones de materia orgánica fósil (glóbulos rojos y proteínas), e incluso el descubrimiento de características que permiten diferenciar a los machos de las hembras en algunas especies. Las relaciones de parentesco entre los dinosaurios han sufrido también una pequeña revolución, ya que la introducción de nuevas herramientas informáticas ha enriquecido extraordinariamente los estudios de todas las grandes familias (conocidas bajo el extraño nombre de *estudios cladísticos*).

A pesar de todo, si hacemos una relación de las mayores novedades de estos últimos decenios, deberíamos hablar, en primer lugar, de las plumas. Y esto se debe a que son la clave de los mayores avances que se han producido en la paleontología de dinosaurios desde 1996... Fue, en ese momento, cuando se empezó a admitir comúnmente que algunos dinosaurios tenían plumas y que son los antepasados de las aves actuales. En principio se creyó que la existencia de las plumas se limitaba precisamente a estos pocos dinosaurios, pero algunos estudios han demostrado que eran mucho más corrientes de lo que parecía; incluso a veces presentaban una forma muy simplificada, parecida al plumón. Descubrimientos recientes han probado, efectivamente, que las plumas aparecieron en numerosos grupos de dinosaurios de forma independiente. Los estudios tienden a demostrar que, en su origen, probablemente sirvieron a los dinosaurios como elementos de termorregulación y, por qué no, como ornamento. Esta función original se modificaría posteriormente en algún pequeño grupo de dinosaurios carnívoros de manera que les permitiese volar: en lenguaje científico, es lo que se llama una *exaptación*.

Setecientas especies de dinosaurios se conocen por su nombre. Vais a poder descubrir a 47 de ellas en este *Inventario ilustrado de dinosaurios*. Pero solamente en la mitad de estas especies se ha podido descubrir el esqueleto entero. Todavía queda una enorme cantidad de especies por descubrir, habida cuenta de la gran cantidad de rocas de aquella época que nunca se han estudiado.

En cada dinosaurio precisaremos el orden al que pertenece, definido por la estructura de su pelvis

A. Los saurisquios: orden de los dinosaurios «con cadera de lagarto»
Su cadera se orienta como la de los reptiles. Se dividen en dos subórdenes:
—los sauropodomorfos, que son herbívoros;
—los terópodos, en su mayoría carnívoros, y muy frecuentemente corredores bípedos.

B. Los ornitisquios: orden de los dinosaurios «con cadera de ave»
Su cadera está dispuesta de la misma forma que la de las aves actuales. Pero, a pesar de su nombre (*ornitho*, «ave» en griego), no están emparentados con las aves. Los ornitisquios eran todos herbívoros y poseían numerosas características anatómicas exclusivas, como un hueso predental en forma de media luna en la parte anterior de la mandíbula, que les ayudaba a cortar la vegetación.

Emmanuelle Tchoukriel ha dibujado los dinosaurios con tinta china y acuarela, a partir de imágenes de sus esqueletos, de imágenes científicas y de reconstrucciones. No conocemos con precisión su color y, algunas veces, tampoco conocemos todas sus características anatómicas (especialmente cuando no se han encontrado los esqueletos enteros). ¿Qué especies tenían escamas? Tal especie ¿poseía plumas o protoplumas (plumas primitivas)? Las investigaciones futuras aportarán nuevas informaciones sobre colores o morfologías. Estas ilustraciones son, por lo tanto, interpretaciones artísticas.

Los dibujos de esta obra no están todos a la misma escala. Solamente las páginas dobles nos muestran, en una misma lámina, a los dinosaurios con un tamaño proporcional unos con otros.

SUMARIO

Para sugerir el volumen o el tamaño de los dinosaurios, los comparamos con vehículos o animales de hoy día.

Automóvil pequeño: 3 m de largo.

Caravana: 6 m de largo.

Autobús: 10 m de largo.

Autobús articulado: 17 a 20 m de largo.

Ballena azul: 30 m de longitud.

Gallinas, gatos, perros, cerdos u ovejas nos servirán también para hacernos una idea del volumen de algunos dinosaurios.

Capítulo I
EL TRIÁSICO

El **Triásico**, primer período geológico de la
era mesozoica, comienza hace alrededor
de 252 millones de años. En esa época, la Tierra tenía un solo continente:
Pangea (antes de eso, habían existido varios).

En el Triásico, el clima era suave, tropical y húmedo.
La vegetación estaba constituida por ginkgos, coníferas, cola de caballo…

En este período aparecen los dinosaurios. Son pequeños y rápidos.
La fauna está constituida también por anfibios, reptiles acuáticos, moluscos,
peces primitivos, reptiles voladores, los últimos reptiles mamalianos
(es decir, reptiles con características de mamíferos) y mamíferos
muy primitivos.

Coelophysis bauri

Orden: SAURISQUIOS
Suborden: terópodos

Familia: COELOFÍSIDOS

Descubrimiento: *1881, en el estado de Nuevo México,
en Estados Unidos, por Cope. Nombrado en 1887*

Coelophysis es uno de los dinosaurios conocidos más antiguos.
Era un pequeño cazador que vivía en manadas. Se desplazaba
de pie, sobre las dos patas traseras, con agilidad. Su silueta
perfilada y su osamenta ligera (el nombre *Coelophysis* significa
«forma hueca») hacían que estuviera perfectamente adaptado
para la carrera.

Medía tres metros de largo, incluida la cola, y 55 centímetros
de alto; sin la cola, era del tamaño de un perro grande
y pesaba solamente unos treinta kilos. Este carnívoro tenía dientes
curvados y acanalados que le servían para alimentarse de peces
y de insectos. Tenía cuatro dedos, uno de ellos sin garra, inútil.
Se han encontrado un centenar de ejemplares de *Coelophysis*.

— lámina 1 —

Mussaurus patagonicus

Orden: SAURISQUIOS
Suborden: sauropodomorfos

Familia: desconocida, actualmente en estudio

Descubrimiento: *1979, en Argentina (América del Sur),
por Bonaparte y Vince*

El nombre *Mussaurus* significa «lagarto ratón»: los primeros dinosaurios
de este género fueron descubiertos cerca de un nido cuyos huevos, muy
pequeños, medían solamente 2,5 centímetros. Se trataba, de hecho,
de ejemplares juveniles (cabeza grande, ojos saltones y cuello corto),
porque, en su fase de adulto, *Mussaurus* no era precisamente del tamaño
de un ratón: se piensa que podía alcanzar los tres metros, la longitud
de un coche pequeño. Fue uno de los primeros herbívoros.

Plateosaurus engelhardti

Orden: SAURISQUIOS
Suborden: sauropodomorfos

Familia: PLATEOSÁURIDOS

Descubrimiento: *1834, en Alemania, por Engelhardt. Descrito en 1837 por Von Meyer, en la época en la que el grupo de los* Dinosauria *todavía no había sido establecido por el paleontólogo británico Owen*

Plateosaurus («reptil plano») es uno de los dinosaurios más antiguos. Vivía en la actual Europa y en Groenlandia que, en aquel tiempo, estaban unidas por tierra. Su territorio eran las zonas pantanosas atravesadas por riachuelos, donde vivía en grupos numerosos para hacer frente a los predadores. Medía más de dos metros de alto y hasta nueve metros de largo (casi la longitud de un autobús). Era cuadrúpedo (andaba a cuatro patas) y a veces bípedo (de pie sobre sus patas traseras). Como todos los dinosaurios pertenecientes al grupo de los prosaurópodos, estaba dotado de un largo cuello, una cabeza pequeña y un cuerpo alargado. Este herbívoro comía plantas arbustivas y, posiblemente, también presas pequeñas, porque tenía una gran garra en el pulgar. *Plateosaurus* es el antepasado de *Diplodocus* y de *Brontosaurus*. De esta especie, se han encontrado más de 100 esqueletos fosilizados, muchos de ellos casi completos.

Riojasaurus incertus

Orden: SAURISQUIOS
Suborden: sauropodomorfos

Familia: RIOJASÁURIDOS

Descubrimiento: *1966, en la provincia de La Rioja, en Argentina (América del Sur), por Bonaparte*

Riojasaurus (su nombre es derivado de La Rioja) era un herbívoro de seis metros de largo, lo equivalente a una caravana.
Era cuadrúpedo, con las patas delanteras prácticamente tan largas como las traseras.
Su grupo, los prosaurópodos, del cual es uno de los mayores representantes, sería reemplazado en el Jurásico por los grandes saurópodos.
Se han encontrado 20 ejemplares, entre los que hay esqueletos adultos y juveniles.

Liliensternus liliensterni

Orden: SAURISQUIOS
Suborden: terópodos

Familia: Coelofísidos

Descubrimiento: *1932, en Alemania, por Lilienstern.*
Descrito en 1934 por Huene y, luego, renombrado en 1984 por Welles

El género llamado *Liliensternus* significa «lagarto de Lilienstern»,
por el nombre de su descubridor. Los fósiles encontrados,
que medían tres metros de largo, eran de animales jóvenes.
Se ha deducido por ello que, en su estado adulto, *Liliensternus*
podía alcanzar los cinco metros de largo (el tamaño de un 4 × 4)
y 2,4 metros de alto. Era uno de los mayores terópodos del Triásico
y uno de los mejor conocidos de Europa.
Liliensternus era un bípedo carnívoro provisto de tres gruesas garras en
las manos. Sus huesos huecos, como los de las aves actuales,
le permitían correr muy deprisa. Se parecía al *Dilophosaurus*,
que lucía una gran cresta y vivió más tarde, en el Jurásico.

— lámina 5 —

Capítulo II

EL JURÁSICO

El **Jurásico**, segundo período geológico
de la era mesozoica, comenzó hace alrededor
de 201 millones de años y terminó hace aproximadamente
145 millones de años. En aquella época, Pangea se fracturó en dos por una grieta
entre América del Norte y África. De esa manera, se formaron dos continentes:
Laurasia, al norte, y Gondwana, al sur.

De esa época, se pueden encontrar fósiles de la misma especie tanto en la actual
África como en América del Sur, o en América del Norte y Eurasia.
A comienzos del Jurásico, dependiendo de las zonas, el clima era seco y árido,
tropical o templado (en altas latitudes). Más tarde, el clima sería menos seco
en tierra y aparecieron la nieve y el hielo en las regiones polares.
En el Jurásico conocieron su apogeo los grandes saurópodos (dinosaurios
herbívoros cuadrúpedos) y aparecieron los primeros mamíferos verdaderos.

Vulcanodon karibaensis

Orden: SAURISQUIOS
Suborden: sauropodomorfos

Familia: VULCANODÓNTIDOS

Descubrimiento: *1969, en Zimbabue (África),
por Raath*

Vulcanodon, cuyo nombre significa «dientes en forma
de volcán», era un «pequeño» saurópodo, a pesar de sus
6,5 metros (tamaño de una caravana).
Los pies de sus patas delanteras eran anchos, con dedos.
Hoy se piensa que debía de mantener el cuello
en posición horizontal porque, para mantenerlo vertical,
hubiera necesitado una enorme presión sanguínea.

Compsognathus longipes

Orden: SAURISQUIOS
Suborden: terópodos

Familia: COMPSOGNÁTIDOS

Descubrimiento: *década de 1850, en Alemania (Europa),
por Oberndorfer*

Compsognathus era un pequeño carnívoro de un metro, que no pesaba
más de tres kilos. Sin la cola, su tamaño correspondía al de un gato actual.
El nombre científico de su familia, *Compsognathidae,* significa
«de mandíbula frágil». Sus dientes eran finos y curvados hacia atrás.
Vivía en un clima costero, seco y cálido (se han encontrado también peces
y crustáceos en los sedimentos cerca de los fósiles de *Compsognathus*).
Este dinosaurio era esbelto, con los huesos de las patas huecos y la cola
fina, en posición horizontal. Según su tamaño, y en comparación con
las aves corredoras de la actualidad, se estima que correría a una velocidad
de 64 kilómetros por hora, lo que lo convertiría en el bípedo más rápido
de todos los tiempos. En el estómago de uno de los dos ejemplares,
se encontraba un lagarto entero, lo que nos permite decir
que *Compsognathus* tenía buena vista y era muy ágil.
Un esqueleto similar fue descubierto en Francia en 1971, pero se trata
de otra especie, a la que se le dio el nombre de *Compsognathus corollestris.*

Archaeopteryx lithographica

Orden: SAURISQUIOS
Suborden: terópodos

Familia: ARQUEOPTERÍGIDOS

Descubrimiento: *1861, en Alemania, por Von Meyer*

Archaeopteryx, que no superaba los 60 centímetros, el tamaño de un pavo actual,
fue considerado durante 150 años como el antepasado de las aves.
Después quedó probado que era un pequeño «dinosaurio con plumas»,
primo de los raptores. Corría y, sin duda, podía volar con sus alas cubiertas
de plumas. Anidaba en los árboles. Su mandíbula de carnívoro estaba dotada
de dientes puntiagudos y las patas tenían cuatro dedos provistos de garras,
uno de ellos dirigido hacia atrás. Existe un debate abierto entre los científicos
sobre su procedencia: de la línea evolutiva de las aves o de los dinosaurios no avianos.
Hasta la fecha de hoy, se han descubierto 12 ejemplares de *Archaeopteryx.*

Ornitholestes hermanni

Orden: SAURISQUIOS
Suborden: terópodos

Familia: ORNITOLÉSTIDOS

Descubrimiento: *1900, en el estado de Wyoming,
en Estados Unidos (América del Norte).
Descrito en 1903 por Osborn*

Ornitholestes quiere decir «ladrón de pájaros»,
pero no hay nada que demuestre que este
carnívoro, ágil y rápido, los atrapase…
Medía dos metros de largo y un metro de alto y
pesaba hasta 50 kilogramos. Sin la cola,
su tamaño era el de un perro grande actual.

Allosaurus fragilis

Orden: SAURISQUIOS
Suborden: terópodos

Familia: ALOSÁURIDOS

Descubrimiento: *década de 1870, en América del Norte. Descrito en 1877 por Marsh*

Es uno de los dinosaurios más conocidos. *Allosaurus*, que significa «lagarto diferente», era un gran carnívoro bípedo. Su cráneo era relativamente ligero para su tamaño. Tenía dos finas crestas que partían desde el hocico y acababan en dos pequeños cuernos. Su cola, que le servía como balancín, se mantenía generalmente en posición horizontal.

Medía hasta tres metros de alto y 12 metros de largo: ¡era más grande que un autobús! Las patas delanteras tenían tres dedos provistos de garras de 15 centímetros. Sus pies tenían tres dedos y un espolón interno.

Se ha comprobado en numerosos fósiles que se les caían los dientes regularmente y volvían a crecerles. Como otros grandes terópodos, *Allosaurus* podía vivir alrededor de 22 años.

Stegosaurus stenops

Orden: ORNITISQUIOS
Suborden: tireóforos

Familia: ESTEGOSÁURIDOS

Descubrimiento: *a finales de la década de 1870, en el estado de Colorado, en Estados Unidos (América del Norte). Descrito en 1887 por Marsh*

Stegosaurus era un gran dinosaurio de nueve metros de largo (casi la longitud de un autobús) y de tres toneladas de peso. Su nombre significa «reptil acorazado», pero, en realidad, sus 17 placas dorsales estaban levantadas sobre su espalda y no apoyadas sobre el cuerpo como una coraza. Estaban dispuestas en dos filas alrededor de la columna vertebral, ligeramente desplazadas. Una red sanguínea regaba esas placas y el flujo de sangre debía de volverlas rojas, tal vez para asustar a los predadores. Con las patas delanteras más cortas que las traseras, adoptaba una postura sorprendente. Su cola tenía cuatro pinchos de 60 a 90 centímetros de largo.

Lento y herbívoro, *Stegosaurus* tragaba helechos, musgo y coníferas, sin masticar mucho (no pacía hierba, que todavía no existía en la Tierra).

Se conocen unos 50 fósiles parciales de *Stegosaurus stenops*, hallados todos en América del Norte, excepto uno de ellos, descubierto en Portugal, en 2006.

Kentrosaurus, de la familia de los estegosáuridos, era su primo africano, más pequeño (cinco metros de largo).

Apatosaurus ajax

Orden: SAURISQUIOS
Suborden: sauropodomorfos

Familia: DIPLODÓCIDOS

Descubrimiento: *1877, en América del Norte, por Marsh*

Apatosaurus, cuyo nombre significa «lagarto mentiroso», era un saurópodo.
¡Es uno de los mayores animales que han existido nunca!
A pesar de su tamaño, los huevos de este herbívoro eran más pequeños
que los de los avestruces actuales, y los embriones medían solamente
50 centímetros. Para llegar a adulto (alrededor de 70 años),
Apatosaurus debía multiplicar su tamaño por 100, midiendo entonces
hasta 26 metros de largo: el equivalente al tamaño de una de nuestras
ballenas azules. *Apatosaurus,* pariente próximo de Diplodocus,
comía durante todo el día para mantener su enorme cuerpo.
Sus anchos pies con almohadillas eran parecidos a los de los elefantes actuales.
Hacía chascar la cola como un látigo para comunicarse o para rechazar
a los predadores. En 1995, Siber encontró en Suiza un esqueleto entero
de *Apatosaurus* juvenil de 18 metros de largo, al que llamó *Max.*

— *lámina 12* —

Mamenchisaurus constructus

Orden: SAURISQUIOS
Suborden: sauropodomorfos

Familia: MAMENQUISÁURIDOS

Descubrimiento: *1952, en China (Asia). Descrito en 1954 por Young*

El nombre *Mamenchisaurus* (fig. 1) significa «lagarto de Mamenchi»,
el nombre del lugar donde fue hallado este dinosaurio.
Este herbívoro cuadrúpedo es uno de los dinosaurios con el cuello más
largo: ¡medía alrededor del doble que su cola!
De esa forma, *Mamenchisaurus* era capaz de alcanzar las ramas más altas.
La longitud total de *Mamenchisaurus constructus* era de 15 metros,
y había otra especie, *Mamenchisaurus sinocanadorum*,
que podía llegar a los 35 metros.
Mamenchisaurus es el primo chino de *Diplodocus*.

fig. 1

fig. 2

Diplodocus carnegii

Orden: SAURISQUIOS
Suborden: sauropodomorfos

Familia: DIPLODÓCIDOS

Descubrimiento: Diplodocus carnegii *fue descubierto en 1897 en el estado de Wyoming, en Estados Unidos (América del Norte), y descrito por Hatcher en 1901; estaba completo y es el que está reproducido en muchos museos. La especie tipo* (Diplodocus longus) *fue descubierta en 1877, en Estados Unidos, por Mudge y Williston, y nombrada en 1878 por Marsh; era un fósil parcial*

Diplodocus (fig.2), cuyo nombre significa «doble viga», tenía una larga cola que acababa como un látigo. Tenía un cuello largo y flexible que normalmente mantenía en posición horizontal, pero que también podía levantar para «rastrillar» las hojas de los árboles con sus finos dientes en forma de lápiz. Es uno de los dinosaurios más grandes que se conocen: *Diplodocus carnegii* medía alrededor de 25 metros de largo, y otra especie, *Diplodocus hallorum*, podía alcanzar cinco metros de alto y alrededor de 32 metros de largo, ¡aproximadamente el tamaño de la actual ballena azul! En el momento de nacer, *Diplodocus* debía de ser solamente del tamaño de un perro. La huella del pie de los individuos adultos medía ¡1,5 metros! Este dinosaurio coexistía con *Allosaurus* y *Ceratosaurus*.

Muy parecido a *Diplodocus* era *Barosaurus*, tan imponente como él, e incluso más pesado.

Brachiosaurus altithorax

Orden: SAURISQUIOS
Suborden: sauropodomorfos

Familia: Braquiosáuridos

Descubrimiento: *1900, en el estado de Colorado, en Estados Unidos (América del Norte). Nombrado en 1903 por Riggs*

El nombre *Brachiosaurus* significa «lagarto con brazos».
Era uno de los dinosaurios más grandes y pesados,
con un tamaño comparable al de la ballena azul actual.
Este herbívoro cuadrúpedo balanceaba su cuello de izquierda
a derecha y de arriba abajo para alcanzar las hojas a una altura
equivalente al cuarto piso de un edificio.
Brachiosaurus tenía una cabeza muy pequeña
con dos orificios nasales en lo alto del cráneo,
que probablemente le sirvieran para regular la temperatura
de todo el cuerpo y, particularmente, la de su cerebro
(y no para respirar en el agua, como se pensaba
anteriormente: era demasiado pesado para nadar).
Se conocen 45 ejemplares fósiles.

Anchiornis huxleyi

Orden: SAURISQUIOS
Suborden: terópodos

Familia: TROODÓNTIDOS

Descubrimiento: *2008, en China, por Xu*

Anchiornis, que significa «casi ave», era un pequeño dinosaurio
del tamaño de una gallina, carnívoro y con plumas.
Medía 34 centímetros y pesaba alrededor de 110 gramos.
Es mucho más antiguo que las primeras aves. Sus cuatro patas
estaban dotadas de largas plumas rígidas, indispensables
para el vuelo y llamadas «penáceas», que le permitían volar,
aunque le resultaban molestas en el suelo.
Estudiando sus células pigmentarias (los melanosomas),
los científicos pudieron reconstruir en 2010 los colores de *Anchiornis*
(excepto los de la cola, cuyo fósil no se ha encontrado):
era blanco y negro, con una cresta emplumada roja.
Se han hallado tres ejemplares entre 2008 y 2010.

Kulindadromeus zabaikalicus

Orden: ORNITISQUIOS
Suborden: desconocido

Familia: desconocida

Descubrimiento: *2013, en Siberia, en Rusia (Asia), por Godefroit. Descrito en 2014*

Kulindadromeus era un dinosaurio herbívoro de 1,5 metros, el tamaño de un perro mediano. Es el primer herbívoro con plumas que se conoce. Hasta 2013, solo algunos dinosaurios carnívoros (los terópodos) habían sido descritos como provistos de plumas. El hecho de que *Kulindadromeus*, un herbívoro, también tenga plumas llevó a los científicos a pensar que las plumas o el plumón podían estar presentes en muchos más dinosaurios de lo que se pensaba hasta ese momento.

Dilophosaurus wetherilli

Orden: SAURISQUIOS
Suborden: terópodos

Familia: Dilofosáuridos

Descubrimiento: *1942, en el estado de Arizona, en Estados Unidos (América del Norte), por Welles. Nombrado en 1954*

Dilophosaurus, cuyo nombre significa «lagarto de dos crestas», vivía en el Jurásico inferior en Laurasia (continente que correspondía a lo que hoy son América del Norte y China). Este gran predador bípedo podía medir 2,5 metros de alto y seis metros de largo (que equivale a una caravana).

Estaba dotado de un par de crestas óseas sobre el cráneo, que tal vez sirvieran como señal de reconocimiento entre especies o para intimidar a posibles predadores.

Se piensa que *Dilophosaurus,* carnívoro, mataba a sus presas (*Plateosaurus* o pequeños mamíferos o lagartos) con las garras y no con sus largos dientes, que eran demasiado finos y estrechos. Era, sobre todo, un cazador solitario.

En la película *Parque Jurásico* (1993), se le representó mucho más pequeño de lo que era en realidad y escupiendo veneno, una fantasía de los guionistas.

Capítulo III
EL CRETÁCICO

El **Cretácico**, tercer período geológico
de la era mesozoica, comenzó hace 145 millones de años
y se acabó hace 66 millones de años, con la caída de un meteorito sobre el actual México,
que fue el origen de la crisis biológica que hizo desaparecer a los dinosaurios
y al 76 % de las especies marinas.
En esta época aparecen los cinco continentes como los conocemos hoy.
América del Sur y África se separan, la India se traslada y Europa se desgaja
poco a poco de América del Norte. Desde hace 135 millones de años,
la separación continúa acentuándose.

A pesar de que el inicio del Cretácico fue más frío que el final, el clima planetario era
entonces cálido y se produjo una gran diversificación de las especies animales:
en los mares se desarrollaron peces (tiburones), gasterópodos, crustáceos y plancton,
así como grandes reptiles acuáticos y terrestres. Aparecieron las primeras aves primitivas
y planeaban los grandes pterosaurios, que no eran dinosaurios ni aves.
Los mamíferos aumentaron de tamaño. Los dinosaurios estaban presentes
en todas las partes del mundo y en todos los medios. Nacieron las primeras plantas
con flores (angiospermas), y los dinosaurios herbívoros, con sus filas de dientes,
se adaptaron a estos nuevos alimentos.

Deinonychus antirrhopus

Orden: SAURISQUIOS
Suborden: terópodos

Familia: DROMEOSÁURIDOS

Descubrimiento: *1931, en el estado de Montana, en Estados Unidos (América del Norte). Nombrado en 1969 por Ostrom*

Antes de que Ostrom descubriese a *Deinonychus,* se imaginaba que todos los dinosaurios eran reptiles gigantes y lentos. ¡Este descubrimiento fue una revolución!
Deinonychus (cuyo nombre significa «garra terrible») era pequeño, ligero, con garras en las patas traseras —la del segundo dedo en forma de hoz—. Era un predador rápido y ágil. Tenía tres dedos en cada mano, también con garras.
Sin contar la cola, su cuerpo tenía el tamaño de una oveja grande: medía tres metros desde la cabeza al extremo de la cola.
Deinonychus era un pariente cercano de *Velociraptor* (véase lámina 28) y, como él, pudo haber tenido plumas. Se han encontrado sus huevos, que se supone que los incubaban, como las aves. Una nueva hipótesis (de 2011, por Fowler) presenta a *Deinonychus* como un cazador con un procedimiento similar al de las águilas actuales: saltando sobre su presa para inmovilizarla antes de comérsela.
Este dinosaurio es muy conocido por la película *Parque Jurásico* (1993), en la que se le da el nombre de raptor.

Tenontosaurus

— *lámina 18* —

Gallimimus bullatus

Orden: SAURISQUIOS
Suborden: terópodos

Familia: ORNITOMÍMIDOS

Descubrimiento: *1963, en el desierto de
Gobi, en Mongolia (Asia). Nombrado en
1972 por Osmólska, Roniewicz y Barsbold*

Gallimimus significa «que imita a la gallina»;
debía de ser una gallina enorme, porque
este «dinosaurio-avestruz» medía seis metros
de largo (el equivalente a una caravana).
Era principalmente carnívoro.
Como las aves, tenía la cabeza pequeña,
los ojos grandes, el cuello largo,
los huesos huecos y un pico plano.

— lámina 19 —

Pachycephalosaurus wyomingensis

Orden: ORNITISQUIOS
Suborden: marginocéfalos

Familia: PAQUICEFALOSÁURIDOS

Descubrimiento: *década de 1850, en el estado de Montana, en Estados Unidos (América del Norte). Nombrado en 1931 por Gilmore y renombrado en 1943 por Brown y Schlaikjer*

Pachycephalosaurus no es conocido por su esqueleto entero, sino por algunos fósiles, sobre todo, de su cráneo. Este herbívoro debía de alcanzar los cinco metros. Fue uno de los últimos dinosaurios que existieron antes de su extinción.

Su nombre significa «lagarto de cabeza gruesa»: la bóveda, o hueso superior del cráneo, tenía un grosor de 25 centímetros (una protuberancia ósea bordeada por nódulos óseos que se perdían con la edad o como consecuencia de las luchas). Esta protuberancia no debía de servirles para golpear a sus adversarios (al contrario que los muflones actuales, por ejemplo), ya que no era lo bastante sólida (no hay huellas de deterioro en los fósiles de los cráneos). Existen dos hipótesis: los machos se empujaban cabeza contra cabeza, sin golpearse, o daban un cabezazo sobre el flanco del adversario de la misma especie para establecer una jerarquía entre ellos. También pudiera ser que el tamaño de la cabeza fuese un signo de poder del macho para seducir a las hembras.

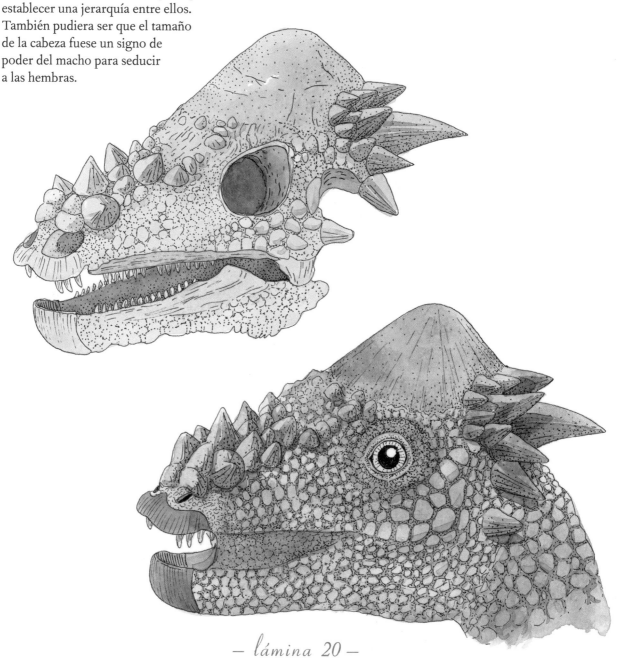

— *lámina 20* —

Baryonyx walkeri

Orden: SAURISQUIOS
Suborden: terópodos

Familia: ESPINOSÁURIDOS

Descubrimiento: *1983, en Inglaterra, por Walker.*
Nombrado en 1986 por Charig y Milner

Su nombre genérico, *Baryonyx*, significa «gran garra»,
como la que poseía en el primer dedo de cada mano
(31 centímetros de largo). Medía nueve metros de largo,
casi lo mismo que un autobús. El nombre de la especie,
walkeri, es un homenaje a su descubridor, un paleontólogo
aficionado. *Baryonyx* vivía en lo que es la Europa actual.
Es el único dinosaurio del que se sabe que era piscívoro
(al menos parcialmente): en el estómago de uno de sus fósiles
se han encontrado dientes y escamas del pez *Lepidotes*
y restos del esqueleto de un joven *Iguanodon*,
¡su última comida!
En 1984, antes de la descripción de *Baryonyx*,
el paleontólogo francés Philippe Taquet había
expresado la idea de que los espinosáuridos
pudieran haber sido piscívoros, por su cráneo
fino y alargado, con el extremo delantero
de la mandíbula en forma de espátula
y los dientes cónicos y largos, similares
a los de algunos cocodrilos actuales,
cuyos dientes cónicos permiten
ensartar las presas más
que destrozarlas.

— lámina 21 —

Spinosaurus aegyptiacus

Orden: SAURISQUIOS
Suborden: terópodos

Familia: ESPINOSÁURIDOS

Descubrimiento: *1912, en Egipto (África), por Markgraf. Nombrado en 1915 por Stromer. En 2012, se descubrió el primer espinosáurido de Asia*

Spinosaurus, cuyo nombre significa «lagarto con espinas», es uno de los más largos terópodos carnívoros que hayan existido jamás. Los fósiles descubiertos pertenecen a ejemplares jóvenes, que podrían llegar a tener 18 metros de largo y seis metros de alto. Comparándolo con las especies conocidas, se supone que su cráneo de hocico alargado debía de medir dos metros y que su tamaño de adulto llegaría a los 21: más largo que un autobús articulado. Sus espinas, que eran de hueso, le nacían en la espalda desde las vértebras, y las más grandes medían dos metros. Estaban cubiertas por una piel que las unía formando una cresta. Según otra hipótesis, se supone que estaban cubiertas por músculos, formando una joroba sobre la espalda. La cresta serviría para regular el calor, para seducir o para intimidar. Su mandíbula fina y sus orificios nasales sobreelevados llevan a pensar que *Spinosaurus* debía de ser cazador y pescador, bípedo y, a veces, cuadrúpedo. Tenía un modo de vida semiacuático en agua dulce. Sabía nadar, gracias a sus grandes pies planos. Los orificios nasales en lo más alto de la cabeza le permitirían no sumergirse del todo cuando nadaba.

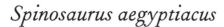

— lámina 22 —

Maiasaura peeblesorum

Orden: ORNITISQUIOS
Suborden: ornitópodos

Familia: HADROSÁURIDOS

Descubrimiento: *1978, en el estado de Montana, en Estados Unidos (América del Norte). Nombrado en 1979 por Horner y Makela*

Maiasaura es un nombre de género femenino que significa «lagarto buena madre». Hay algunos otros dinosaurios con nombre femenino. Este herbívoro con pico de pato medía hasta nueve metros de largo (casi lo mismo que un autobús) y tres metros de alto.
Los ejemplares de *Maiasaura* se encontraron al lado de centenares de nidos excavados en el suelo, con huevos en su interior, pero también con ramitas y yemas de plantas. Las hembras debían de incubar los huevos mientras los machos vigilaban.
Al estudiar los huesos y los tendones aún no acabados de formar de las crías (que medían 50 centímetros al nacer), los científicos se dieron cuenta de que no podían caminar nada más nacer. Seguramente, su madre les proporcionaba la comida y se ocupaba de ellos hasta los dos meses.

Oviraptor philoceratops

Orden: SAURISQUIOS
Suborden: terópodos

Familia: OVIRRAPTÓRIDOS

Descubrimiento: *1923, en Mongolia (Asia), por Olsen.*
Nombrado en 1924 por Osborn

Se le dio el nombre de *Oviraptor* («ladrón de huevos») porque se le
encontró al lado de huevos que se pensó que eran los ceratopsianos
(su nombre de especie, *philoceratops,* significa que ama a los ceratopsianos).
Pero quizá fue un error: aquellos huevos probablemente eran los suyos
¡y, por tanto, no habría robado nada! Su mandíbula podía triturar los huevos,
pero, más bien, le serviría para abrir las conchas de los moluscos.
El tamaño de este dinosaurio, sin contar la cola, era equivalente al de un perro
grande. Los bordes de su pico estaban cubiertos de queratina.
Su cráneo podría estar adornado por una cresta, aunque todavía se ignora
su forma exacta.

— *lámina 24* —

fig. 1

Microraptor zhaoianus

Orden: SAURISQUIOS
Suborden: terópodos

Familia: DROMEOSÁURIDOS

Descubrimiento: *década de 1990, en la provincia de Liaoning, en China (Asia). Nombrado en 2000 por Xu, Zhou y Wang*

Microraptor («pequeño rapaz») era un dinosaurio de tan solo 70 centímetros. Vivía en medio de una vegetación exuberante y trepaba a los árboles con sus garras. Muy parecido a las aves, con dos pares de alas, este dinosaurio carnívoro se dice que pertenece al «clado de cuatro alas», esto es, un grupo de cuatro alas. Sus cuatro miembros estaban provistos de grandes plumas (las penáceas), que le permitían volar, pero le resultaban molestas en el suelo. En la época de *Microraptor*, ya había también aves primitivas.

fig. 2

Sinosauropteryx prima

Orden: SAURISQUIOS
Suborden: terópodos

Familia: COMPSOGNÁTIDOS

Descubrimiento: *1996, en la provincia de Liaoning, en China (Asia), por Yumin. Nombrado el mismo año por Ji y Ji*

En el fósil de *Sinosauropteryx prima* («primer lagarto alado chino») se pueden apreciar unas plumas primitivas que más bien parecen pelos o filamentos cortos, como el plumaje del kiwi, ave actual de Nueva Zelanda. Medía hasta un metro desde la cabeza a la cola. En 2010, un científico chino aisló en sus fósiles unas células que dan color a las plumas (las melanosomas); se descubrió entonces que este dinosaurio era rojo, como una ardilla, y que su cola estaba rayada de gris. ¿Para qué le servían las plumas? Sin duda, para protegerse del frío y para pavonearse en la parada.

Tyrannosaurus rex

Orden: SAURISQUIOS
Suborden: terópodos

Familia: TIRANOSÁURIDOS

Descubrimiento: *década de 1870. Primer esqueleto parcial encontrado en 1900, en el estado de Wyoming, en Estados Unidos (América del Norte), por Brown. Nombrado en 1905 por Osborn*

Tyrannosaurus rex, «rey de los lagartos tiranos», frecuentemente nombrado por su nombre reducido *T. rex*, era un gigantesco terópodo de 13 metros de largo, más que un autobús.

Podía medir igualmente hasta seis metros de alto. La hembra era mucho más corpulenta que el macho. Con tales dimensiones, se comprende que hiciese huir a sus congéneres, pero ¿era un predador tan terrible como siempre se ha creído o era, sobre todo, un carroñero? Los expertos aún se lo preguntan hoy día.

Sus patas delanteras eran muy pequeñas (del tamaño de un brazo humano) y, sin duda, no le permitirían atrapar una presa ni llevarse la comida a la boca. La tibia y el fémur del mismo tamaño le impedirían correr muy deprisa tras sus presas. Sea como fuese, sus potentes mandíbulas podían destrozar los huesos; además, sus largos dientes (22 centímetros) eran acerados y podían desgarrar pieles y músculos.

Sus ojos eran pequeños, pero su visión era estereoscópica, en relieve. El estudio de su cráneo demuestra que tenía muy desarrollado el lóbulo del cerebro que controla el olfato…

¡Todo muy apropiado para un auténtico carroñero!

No se ha encontrado ningún ejemplar entero,
pero el esqueleto más completo del que disponen
los paleontólogos está conservado casi en un 90 %.
Hasta hoy se han descubierto unos 50 ejemplares.
En los museos se pueden observar
numerosos vaciados.

Troodon formosus

Orden: SAURISQUIOS
Suborden: terópodos

Familia: TROODÓNTIDOS

Descubrimiento: *1855, en Canadá, por Hayden
(fósiles de dientes). Nombrado en 1856 por Leidy*

El nombre del género *Troodon* significa «diente que hiere»
y el de la especie, *formosus*, «elegante». *Troodon formosus*
era un dinosaurio bípedo del tamaño de una persona.
Sus ojos podían ver hacia delante y hacia atrás
(casi los 360 grados) y le permitían una visión diurna
y nocturna. Con sus largos dedos de las manos y los pies,
tenía una gran capacidad para agarrar.
En relación con su tamaño, tenía el cerebro más voluminoso
de todos los dinosaurios. Su cerebelo y su bulbo raquídeo
estaban tan desarrollados como los de un humano,
por lo cual podría analizar, reflexionar y plantear,
por ejemplo, estrategias de caza.

Velociraptor mongoliensis

Orden: SAURISQUIOS
Suborden: terópodos

Familia: DROMEOSÁURIDOS

Descubrimiento: *1924, en el desierto de Gobi, en Mongolia (Asia),
por Osborn*

Velociraptor, cuyo nombre significa «ladrón rápido», era un pequeño terópodo
carnívoro cubierto de unas plumas muy parecidas a las de las aves actuales.
El cuerpo, sin contar la cola, tenía un tamaño similar al de un perro.
Incluida la cola, medía alrededor de dos metros y 75 centímetros de alto.
Su cabeza era fina, con potentes mandíbulas armadas con 80 dientes.
Tenía tres dedos en cada mano y cuatro en las patas traseras:
un espolón, dos dedos que posaba en el suelo y otro con una garra
retráctil de 15 centímetros que le permitía enganchar a su presa
o apuñalarla levantando su pata. Por los numerosos restos encontrados
en China a finales del siglo xx, se sabe que cazaba en jaurías.

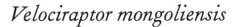

Ankylosaurus magniventris

Orden: ORNITISQUIOS
Suborden: tireóforos

Familia: ANQUILOSÁURIDOS

Descubrimiento: *1906, por Brown en el estado de Montana,
en Estados Unidos. No se ha encontrado ningún esqueleto completo*

Ankylosaurus magniventris medía 10 metros de largo (como un autobús)
y 2,5 metros de alto. Su nombre de género significa «lagarto rígido»:
es el dinosaurio con escudo (ese es el significado del nombre científico
del suborden, *Thyreophora*), ¡el mejor protegido de todos!
Sus placas óseas, con toda seguridad recubiertas de queratina
(como las de los cocodrilos), formaban una armadura coronada
de hileras de espinas o pinchos óseos. El cráneo estaba cubierto
por gruesas escamas redondas. Tenía cuatro cuernos alrededor de la cabeza
y una cola en forma de maza compuesta por placas huesudas que le servían
como medio de defensa. El vientre y las patas, por el contrario,
no estaban acorazados, por lo que debería de mantenerse pegado al suelo
para protegerse de los predadores. Fue uno de los últimos dinosaurios
(con *Triceratops* y *Pachycephalosaurus*) antes de la extinción.

Majungasaurus crenatissimus

Orden: SAURISQUIOS
Suborden: terópodos

Familia: ABELISÁURIDOS

Descubrimiento: *1896, en Madagascar (África),
por Depéret. Nombrado en 1955 por Lavocat*

Majungasaurus significa «lagarto de Majunga», nombre de la región
(rebautizada después como Mahajanga) de Madagascar donde fue descubierto.
No se encontró su esqueleto íntegro, pero *Majungasaurus crenatissimus*
es uno de los terópodos mejor estudiados del hemisferio sur. De tamaño mediano,
con sus seis metros de largo (como una caravana pequeña), este predador
bípedo se atrevía a cazar saurópodos (los dinosaurios más grandes y más imponentes).
Es uno de los pocos dinosaurios que parece que pudo haber sido caníbal.
Es el primer abelisáurido descubierto en África (los demás se encontraron
en América del Sur o en la India). Eso significa que los antepasados de *Majungasaurus*
pudieron haber llegado a través de un istmo que existiría en aquella época
entre América del Sur y la Antártida, antes de que Madagascar se separase de África,
lo cual nos daría un nuevo dato geológico.

Iguanodon bernissartensis

Orden: ORNITISQUIOS
Suborden: ornitópodos

Familia: IGUANODÓNTIDOS

Descubrimiento: *década de 1820, en Inglaterra, por Mantell. En 1878, se descubrió un conjunto de una treintena de ejemplares en Bernissart, en Bélgica. Este lugar dio su nombre a la especie, descrita en 1881 por Boulenger*

Iguanodon bernissartensis fue uno de los primeros dinosaurios que se encontraron (antes incluso de la invención de la palabra «dinosaurio»). Medía hasta 10 metros de largo (el tamaño de un autobús) y cinco de alto. Este dinosaurio de cuerpo rechoncho era cuadrúpedo, pero, a veces, también era bípedo, con la espalda en posición horizontal y no en posición de canguro, como se pensó durante mucho tiempo y como sigue siendo representado en algunos museos.

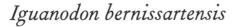

— lámina 31—

La característica de este herbívoro es su mano de cinco dedos:
un pulgar en espolón muy puntiagudo, que le serviría
para defenderse de los carnívoros cuando se ponía de pie;
tres garras largas, y un dedo meñique articulado,
que le permitiría agarrar, torciendo la muñeca.
Los primeros paleontólogos confundieron el hueso
del pulgar con un cuerno, que, al principio,
le atribuyeron erróneamente al *Iguanodon*.
Iguanodon bernissartensis vivía en Europa y también
en Mongolia (Asia).

Parasaurolophus walkeri

Orden: ORNITISQUIOS
Suborden: ornitópodos

Familia: HADROSÁURIDOS

Descubrimiento: *1920, en la provincia de Alberta,
en Canadá (América del Norte). Descrito en 1922 por Parks*

Parasaurolophus era un dinosaurio con pico de pato, casi tan largo
como un autobús: llegaba a medir 9,5 metros. Su larga cresta curvada,
una especie de tubo que le salía de la cabeza, podía medir 1,60 metros,
incluido el cráneo. Debía de ayudarlo a comunicarse con sus semejantes,
amplificando algunos sonidos, por ejemplo. *Parasaurolophus* podía adoptar
la postura bípeda para correr, pero estaría la mayor parte del tiempo
a cuatro patas, especialmente para alimentarse.
Se conoce un único ejemplar de esta especie, incompleto,
pero muy bien conservado. Existen otras dos especies muy cercanas a
Parasaurolophus de las que se han encontrado cráneos y esqueletos parciales
(actualmente se conocen unos 15 ejemplares,
todos ellos descubiertos en América del Norte).

Corythosaurus casuarius

Orden: ORNITISQUIOS
Suborden: ornitópodos

Familia: HADROSÁURIDOS

Descubrimiento: *1911, en la provincia de Alberta, en Canadá (América del Norte), por Brown. Nombrado en 1914*

Corythosaurus casuarius medía nueve metros (casi lo mismo que un autobús), incluida la cola. Era un herbívoro con pico, cuyos dientes, que se encontraban al fondo de la boca, como en todos los hadrosáuridos, cortaban, trituraban y se renovaban sin cesar. Las vías nasales se prolongaban por el interior de una cresta ósea, que tenía sobre el cráneo y que continuaba sobre toda su espalda. De esta forma se amplificaban sus sonidos al pasar por estas «cámaras», como si fuese un instrumento de viento.
Su nombre significa «lagarto con casco».

Protoceratops andrewsi

Orden: ORNITISQUIOS
Suborden: marginocéfalos

Familia: PROTOCERATÓPSIDOS

Descubrimiento: *1922, en el desierto de Gobi, en Mongolia (Asia),
por Shackelford. Nombrado en 1923 por Granger y Gregory*

Protoceratops andrewsi era un dinosaurio cuadrúpedo con un poderoso
pico de loro. Era herbívoro. Como indica el sufijo *proto* de su nombre,
es el antepasado de todos los ceratopsianos (como el *Triceratops*).
Tenía el tamaño de un gran cerdo (1,8 metros de largo) y, sin duda,
escarbaba en la tierra con su hocico, en busca de tubérculos o de raíces.
Se han encontrado fósiles de *Protoceratops* en todas sus fases
de crecimiento y, en 1971, un fósil de *Protoceratops* luchando
contra un *Velociraptor*, ¡muertos los dos en una tormenta de arena!
Se piensa que *Protoceratops* defendía sus nidos, donde se podían alojar
30 huevos, y que se ocupaba de sus crías. Por deducción, se estima
que todos los demás protoceratópsidos harían lo mismo.

Pachyrhinosaurus canadensis

Orden: ORNITISQUIOS
Suborden: marginocéfalos

Familia: CERATÓPSIDOS

Descubrimiento: *1945, en la provincia de Alberta, en Canadá (América del Norte). Nombrado en 1950 por Sternberg*

Pachyrhinosaurus («lagarto de nariz gruesa») *canadensis* era un ceratopsiano. Al contrario que sus «primos», no tenía cuernos óseos nasales, sino una prominencia que le cubría todo el hocico, encima de la cual es posible que existiese un cuerno de queratina. Más corpulento que un elefante, ya que alcanzaba los 4,5 metros de largo y los tres metros de alto, este herbívoro tenía sobre su cráneo de dos metros una gorguera con dos grandes puntas curvadas hacia atrás y otras puntas cortas. El hueso de la gorguera estaba perforado por grandes agujeros que la hacían más ligera. En 1986, en Canadá, se encontraron las osamentas de 13 *Pachyrhinosaurus* atacados y ahogados por *Albertosaurus*, que dejaron clavados en ellos sus dientes. El protagonista de la película *Caminando entre dinosaurios* (2013), Patch, es un joven *Pachyrhinosaurus*.

Pentaceratops sternbergii

Orden: ORNITISQUIOS
Suborden: marginocéfalos

Familia: CERATÓPSIDOS

Descubrimiento: 1921, en el estado de Nuevo México,
en Estados Unidos (América del Norte), por Sternberg.
Nombrado por Osborn en 1923

Pentaceratops sternbergii estaba provisto
de una gran gorguera bordeada de pinchos.
Aunque su nombre quiere decir «cinco cuernos»,
este dinosaurio realmente no tenía más que tres:
las otras dos puntas no son cuernos, sino excrecencias
de los huesos de la cara. Este herbívoro cuadrúpedo
medía siete metros de largo (el tamaño de una caravana).
Es uno de los mayores dinosaurios con cuernos.
En 2015, en Nuevo México, en Estados Unidos,
se descubrió un cráneo de bebé *Pentaceratops*.

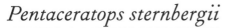

Argentinosaurus huinculensis

Orden: SAURISQUIOS
Suborden: sauropodomorfos

Familia: TITANOSÁURIDOS

Descubrimiento: *1987, en Argentina (América del Sur).*
Nombrado en 1993 por Bonaparte y Coria

Argentinosaurus huinculensis (nombrado a partir del lugar
donde fue descubierto) era un herbívoro que vivía
en grupos y migraba para encontrar alimento.
Su tamaño podía alcanzar los 30 metros de largo
(como la ballena azul).

fig. 1

Giganotosaurus carolinii

Orden: SAURISQUIOS
Suborden: terópodos

Familia: CARCARODONTOSÁURIDOS

Descubrimiento: *1993, en Argentina*
(América del Sur), por Carolini

Giganotosaurus («lagarto gigante del sur») *carolinii* era un gran terópodo
de 12 metros de largo (más que un autobús). Solo su cráneo de cresta ósea
debía de medir casi dos metros de largo.
A pesar de su tamaño, era un cazador bípedo rápido (50 kilómetros por hora).
Cazaba en solitario o en grupos y, cuando corría, su cola le servía de balancín
para mantener el equilibrio. Tenía patas prensiles dotadas de tres dedos.
Entre sus presas estaba *Iguanodon*, porque se han encontrado sus fósiles juntos.
También debió de cazar *Argentinosaurus*, ¡que sería una de sus mayores presas!
Giganotosaurus era un gigante, a pesar de lo cual, era tres veces menor que *Supersaurus*.

fig. 2

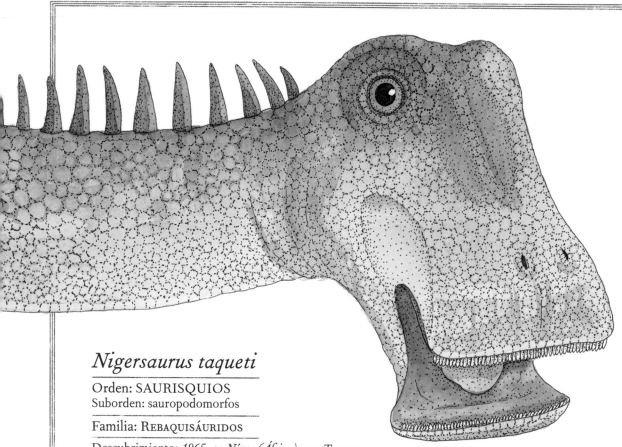

Nigersaurus taqueti

Orden: SAURISQUIOS
Suborden: sauropodomorfos

Familia: REBAQUISÁURIDOS

Descubrimiento: *1965, en Níger (África), por Taquet.*
Descrito y nombrado en 1999 por Sereno

Nigersaurus debe su nombre de género al país
donde se le descubrió y su nombre de especie, *taqueti*,
a su descubridor, Philippe Taquet. Este herbívoro de 10 metros
de largo (el tamaño de un autobús) tenía una boca plana dotada
de unos 500 dientes en forma de clavo, dispuestos en muchas filas
para renovarse rápidamente. Pacía igual que una vaca actual
y seguramente apenas podía levantar el cuello. Su cráneo, ligero,
estaba constituido por huesos muy finos y sus vértebras
eran también muy ligeras para su tamaño.

Ouranosaurus nigeriensis

Orden: ORNITISQUIOS
Suborden: ornitópodos

Familia: IGUANODÓNTIDOS

Descubrimiento: *1965, en el desierto del Sáhara, en Níger (África),
por Taquet. Extraído en 1966 y descrito en 1976*

Primo del *Iguanodon* europeo, *Ouranosaurus nigeriensis* (cuyo nombre
de género significa «lagarto urano», palabra que significa a su vez «bravura»
o «valor» en árabe, y que es el mismo nombre que los tuaregs de Níger
dan a una especie de varano) era un herbívoro bípedo de siete metros
de largo (el tamaño de una caravana). Vivía en lo que actualmente
es el desierto, que, entonces, estaba cubierto de coníferas y de helechos.
Podía desplazarse a cuatro patas. Este dinosaurio de hocico alargado
tenía sobre la espalda una larga cresta formada por espinas óseas,
que se prolongaba hasta por encima de la cola. Esta cresta le serviría
para la regulación térmica o para reconocerse entre miembros
de la misma especie.

Triceratops horridus

Orden: ORNITISQUIOS
Suborden: marginocéfalos

Familia: CERATÓPSIDOS

Descubrimiento: *1887, en el estado de Colorado, en Estados Unidos (América del Norte). Nombrado en 1889 por Marsh*

Triceratops es uno de los últimos dinosaurios que vivieron sobre la Tierra (a excepción de las aves). Este gran herbívoro medía nueve metros de largo, el tamaño de un autobús. Su cráneo alcanzaba 1,80 metros y lucía tres cuernos, como indica su nombre de género: dos largos en la frente, que podían alcanzar el metro de largo, y uno, corto, en la nariz. Su gorguera ósea tras el cráneo protegía su nuca y estaba vascularizada: serviría de regulador térmico o para la parada nupcial. Con la edad, los ornamentos del borde de la gorguera se hacían cada vez menos visibles. Su pico, de hueso, no tenía dientes, y *Triceratops* masticaba con los dientes del fondo de la boca. Muchos piensan que *Triceratops* podía llegar a enfrentarse a *Tyrannosaurus*, protegiendo a los jóvenes en el centro de un círculo que formaban los adultos. Se han descubierto fósiles completos de *Triceratops* en Estados Unidos y Canadá.

Yutyrannus huali

Orden: SAURISQUIOS
Suborden: terópodos

Familia: PROCERATOSÁURIDOS

Descubrimiento: *2012, en la provincia de Liaoning,
en China (Asia), por Xu*

Yutyrannus («tirano de bellas plumas») *huali* es un primo de *T. rex*.
Es el mayor dinosaurio con plumas que jamás se ha encontrado.
Este dinosaurio carnívoro, que medía nueve metros (el tamaño de un autobús),
tenía en la cola plumas filamentosas de 15 centímetros de largo;
los ejemplares juveniles las tenían en el cuello y las patas.
Este descubrimiento fue una revolución, porque confirmó
que muchas otras especies también las tenían.

Supersaurus vivianae

Orden: SAURISQUIOS
Suborden: sauropodomorfos

Familia: Diplodócidos

Descubrimiento: *1972, en el estado de Colorado, en Estados Unidos (América del Norte). Nombrado en 1985 por Jensen*

Supersaurus, como su nombre indica, es uno de los animales terrestres más gigantescos que jamás hayan existido, de, al menos, 35 metros de largo (más que una ballena azul e incluso más que *Argentinosaurus* [véase lámina 37]). Con la cabeza pequeña, el cuello largo y sus fuertes patas, *Supersaurus* se alimentaba de vegetales. Su larga cola le permitiría defenderse contra *Allosaurus*, por ejemplo. Sobrepasaba en un tercio a *Spinosaurus* y era ¡tres veces mayor que *Giganotosaurus*! En 2011 se encontró otro saurópodo gigante en Francia, en Angeac-Charente, que aún no ha sido nombrado. Solo su fémur mide nada menos que 2,20 metros. Es muy probable que el dinosaurio al que pertenecía fuese, al menos, tan grande como *Supersaurus*.

Edmontosaurus regalis

Orden: ORNITISQUIOS
Suborden: ornitópodos

Familia: HADROSÁURIDOS

Descubrimiento: *1891, en el estado de Wyoming, en Estados Unidos (América del Norte), por Hatcher. Nombrado en 1917 por Lambe*

Edmontosaurus regalis era un gran dinosaurio con cabeza de pato, con un pico ancho que le permitía arrancar las plantas.
Detrás del pico, en el fondo de la boca, se encontraban alrededor de un millar de dientes apretados sobre varias hileras, que trituraban cuando abría y cerraba sus mandíbulas.
Aunque solía permanecer a cuatro patas, para correr, adoptaba la postura bípeda y alcanzaba hasta 50 kilómetros por hora. Era herbívoro, es cierto, pero ¡nada lento!
Medía de media unos nueve metros (como un autobús), aunque algunos llegaban a los 13.
Desde 1900 se han descubierto muchos ejemplares muy bien conservados de *Edmontosaurus*.
El más reciente fue extraído en 2006, en el estado de Dakota, en Estados Unidos.
Como el dinosaurio estaba prácticamente momificado antes de ser fosilizado (lo cual es bastante raro), se han conservado huellas de su piel, cubierta de escamas que no se solapaban.

— lámina 43 —

DÓNDE VER DINOSAURIOS EN ESPAÑA:

Museo Paleontológico de Elche (MUPE) (Alicante)

Museo del Jurásico de Asturias, en Colunga (Asturias)

Museo Arqueológico y Paleontológico Cuevas del Toll, en Moyá (Barcelona)

Instituto Catalán de Paleontología Miquel Crusafont, en Sabadell (Barcelona)

Museu de les Mines de Cercs y yacimiento paleontológico de Fumanya (Barcelona)

Palacio de Peredo (Cantabria)

Museo Arqueológico y Paleontológico de Rojales (Alicante)

Museo de Ciencias Naturales de Álava (Vitoria)

Museo de Dinosaurios de Salas de los Infantes (Burgos)

Parque Dinosaurio, en Santillana del Mar (Cantabria)

Museu Temps de Dinosaures, en Morella (Castellón)

Museo de Dinosaurios, en Cinctorres (Castellón)

Museo Paleontológico Juan Cano Forner, en Sant Mateu (Castellón)

Centro de Interpretación Geológica Luberri, en Oiartzun (Guipúzcoa)

Museo de Fósiles y Minerales (Mufomi), en Elgoibar (Guipúzcoa)

Museo Paleontológico, en Molina de Aragón (Guadalajara)

Museo de los Dinosaurios de Arén (Huesca)

Museu de la Conca Dellà. Parc Cretaci, en Isona (Lérida)

Centro Paleoambiental Dinosfera, en Coll de Nargó (Lérida)

Museo Geominero (Madrid)

Museo Nacional de Ciencias Naturales (MNCN) (Madrid)

Faunia Área del Jurásico (Madrid)

Museo Municipal Paleontológico de Estepona (Málaga)

Museo de Fósiles y Minerales de la Asociación Cultural Paleontológica Murciana, en Los Garres (Murcia)

Parque de Paleoaventura de El Barranco Perdido, Museo Cretácico, en Enciso (La Rioja)

Centro de Interpretación Paleontológica de La Rioja, en Igea (La Rioja)

Ruta de las Icnitas y Aula Paleontológica de Villar del Río (Soria)

Museo Paleontológico de Galve (Teruel)

Museo Paleontológico de Josa (Teruel)

Museo Paleontológico de Mas de las Matas (Teruel)

Dinópolis, incluyendo el Museo Aragonés de Paleontología (Teruel)

Dinópolis. Legendark, en Galve (Teruel)

Dinópolis. Inhóspitak, en Peñarroya de Tastavins (Teruel)

Dinópolis. Bosque Pétreo, en Castellote (Teruel)

Dinópolis. Titania, en Riodeva (Teruel)

Museo Paleontológico de Alpuente (Valencia)

Museo de Ciencias Naturales (Valencia)

Museo Vasco de Historia de la Medicina y de la Ciencia, en Leioa (Vizcaya)

Parque Karpinabentura, en Carranza (Vizcaya)

Museo de Paleontología de Zaragoza. Sala Lucas Mallada
de la Facultad de Ciencias de la Universidad de Zaragoza (Zaragoza)

ÍNDICE